문학과지성 시인선 128

호랑가시나무의 기억

이성복 시집

문학과지성사

문학과지성사에서 펴낸 이성복의 시집

뒹구는 돌은 언제 잠 깨는가(1980; 2019)
남해 금산(1986; 1994; 2019)
그 여름의 끝(1990; 1994; 2019)
정든 유곽에서(1996, 시선집)
아, 입이 없는 것들(2003)
달의 이마에는 물결무늬 자국(2012, 문학과지성 시인선 R 01)
래여애반다라(2013)

문학과지성 시인선 128
호랑가시나무의 기억

초판 1쇄 발행 1993년 5월 15일
초판 15쇄 발행 2020년 6월 8일
재판 1쇄 발행 2022년 11월 22일

지 은 이 이성복
펴 낸 이 이광호
펴 낸 곳 ㈜문학과지성사
등록번호 제1993-000098호
주   소 04034 서울 마포구 잔다리로7길 18(서교동 377-20)
전   화 02)338-7224
팩   스 02)323-4180(편집) 02)338-7221(영업)
전자우편 moonji@moonji.com
홈페이지 www.moonji.com

ⓒ 이성복, 1993, 2022. Printed in Seoul, Korea

ISBN 978-89-320-0630-7 03810

이 책의 판권은 지은이와 ㈜**문학과지성사**에 있습니다.
양측의 서면 동의 없는 무단 전재 및 복제를 금합니다.

문학과지성 시인선 128
호랑가시나무의 기억

이성복

자서

더 이상 붙들고 있어 나아질 것이 없을 듯해서,
지난 이태 동안 끄적인 것들을 굵어 세상에 부친다.
얼핏 글에 대한 입맛을 조금씩 되찾아가는 느낌이 들기도
하나, 글로부터 사랑받을 자격이 없음을 뼈저리게
느낀다. 너무 오랫동안 삶을 무시해왔다.

1993년 3월
이성복

호랑가시나무의 기억

차례

자서

I. 파리 시편

높은 나무 흰 꽃들은 등燈을 세우고 1   9
높은 나무 흰 꽃들은 등燈을 세우고 2   10
높은 나무 흰 꽃들은 등燈을 세우고 3   11
높은 나무 흰 꽃들은 등燈을 세우고 4   12
높은 나무 흰 꽃들은 등燈을 세우고 5   13
높은 나무 흰 꽃들은 등燈을 세우고 6   14
높은 나무 흰 꽃들은 등燈을 세우고 7   15
높은 나무 흰 꽃들은 등燈을 세우고 8   16
높은 나무 흰 꽃들은 등燈을 세우고 9   17
높은 나무 흰 꽃들은 등燈을 세우고 10   18
높은 나무 흰 꽃들은 등燈을 세우고 11   19
높은 나무 흰 꽃들은 등燈을 세우고 12   20
높은 나무 흰 꽃들은 등燈을 세우고 13   21
높은 나무 흰 꽃들은 등燈을 세우고 14   22
높은 나무 흰 꽃들은 등燈을 세우고 15   23
높은 나무 흰 꽃들은 등燈을 세우고 16   24
높은 나무 흰 꽃들은 등燈을 세우고 17   25
높은 나무 흰 꽃들은 등燈을 세우고 18   26
높은 나무 흰 꽃들은 등燈을 세우고 19   27

높은 나무 흰 꽃들은 등燈을 세우고 20   28
높은 나무 흰 꽃들은 등燈을 세우고 21   29
높은 나무 흰 꽃들은 등燈을 세우고 22   30
높은 나무 흰 꽃들은 등燈을 세우고 23   31
높은 나무 흰 꽃들은 등燈을 세우고 24   32
높은 나무 흰 꽃들은 등燈을 세우고 25   33
높은 나무 흰 꽃들은 등燈을 세우고 26   34
높은 나무 흰 꽃들은 등燈을 세우고 27   35
높은 나무 흰 꽃들은 등燈을 세우고 28   36
높은 나무 흰 꽃들은 등燈을 세우고 29   37
높은 나무 흰 꽃들은 등燈을 세우고 30   38
높은 나무 흰 꽃들은 등燈을 세우고 31   39
높은 나무 흰 꽃들은 등燈을 세우고 32   40
높은 나무 흰 꽃들은 등燈을 세우고 33   41
높은 나무 흰 꽃들은 등燈을 세우고 34   42
높은 나무 흰 꽃들은 등燈을 세우고 35   43
높은 나무 흰 꽃들은 등燈을 세우고 36   44

II. 천사의 눈

정물   47

봄밤   48

소묘   49

음악   52

가을날   53

삼월   54

잠   55

소리   56
화장실에서   57
바다   58
아무도 기억하지 않는 죽음   59
봄날   60
유혹   61
수세미   62
등나무   63
부화   64
어머니   65
고모   66
슬픔   67
밤   68
11월   70
호랑가시나무의 기억   73
죽음   75
공단 입구   78
옛날의 불꽃   79
파리   80
소풍   81
천국의 입구   83
천사의 눈   85

해설

자아의 확대와 상상력의 심화·오생근   86

I. 파리 시편

일러두기

1. 이 책은 『호랑가시나무의 기억』(초판, 1993)의 재판본이다.
2. 시의 제목과 본문에 쓰인 한자는 대부분 한글로 옮겼으며, 필요한 경우 저자와 협의하여 병기하였다.(2022년 11월 현재)

높은 나무 흰 꽃들은 등燈을 세우고 1

　노오란 꽃들이 종아리 끝까지 흔들리고 나는 식당으로 밥 먹으러 간다 발정난 개처럼 알록달록한 식욕을 찾아, 지름길을 버리고 여러 개의 정원 같은 세월의 골목을 돌아 나는 추억의 식당으로 간다 내가 몸 흔들면 송진 같은 진액이 스며 나오고, 발길에 닿는 것마다 조금씩 슬픈 울음을 울기 시작한다 언제 와도 좋은 길을 나는 처음인 듯 이렇게 걸어보는 것이다 으 으 으 벙어리의 입 모양을 지으며

높은 나무 흰 꽃들은 등燈을 세우고 2

    생활이란 또 무엇인가 아침부터 햇빛은 들창을 때리고 나뭇잎들은 자꾸 구멍이 뚫리고 무엇인가 끊을 수 없는 것이 있다는 듯 햇빛은 무게 없는 타격을 던지고 있다 무더기로 떨어지는 햇빛의 시체를 보며 이럴 때일수록 나는 안 지려고 조바심을 한다 무엇이 나를 이기려 드는지 모르지만 내 지고 나면 저 햇빛도, 햇빛의 무게 없는 타격도 없을 것이기에

높은 나무 흰 꽃들은 등燈을 세우고 3

아침부터 전해오는 새 깃보다 가벼운 이 떨림, 나는 목구멍 눈구멍 다 열어놓고 떨림이 가시기를 기다린다 이것은 기쁨의 시작인가, 불안인가 내 안에 들어와 나를 한 마리 수줍은 짐승으로 만드는 떨림, 이윽고 나는 내 옆에서 숨죽이고 있는 짐승들을 다만 내 눈시울르 떨게 한다 멀구나 멀어, 이 떨림이 멎는 곳은 어디인가

높은 나무 흰 꽃들은 등燈을 세우고 4

    열린 창이여, 나는 너를 통해 아무것도 내보낸 것이 없는데 이렇게 많은 것들이 물밀듯이 밀려오는구나 지금까지 내가 버린 것이 내가 간직한 것과 다른 것이 아니구나 오늘 저녁 지구의 반대편에서 내 살붙이들이 잠들어 있는 동안 나는 마지막 촛불처럼 자꾸만 타들어가는구나 열린 창으로 꾸역꾸역 몰려드는 땅거미 같은 세월이여, 어떻든 나는 이 어두워가는 풍경을 견디며 보이지 않는 고향을 머리에 이고 촘촘한 나뭇잎 사이를 빠져나간다

높은 나무 흰 꽃들은 등燈을 세우고 5

  물 고인 땅에 빗방울은 종기처럼 떨어진다 혼자 있음이 이리 쓰리도록 아파서 몇 번 머리를 흔들고 나서야 제정신이 든다 종아리부터 무릎까지 자꾸만 피부병이 번지고, 한겨울인데 뜰 앞 고목나무에선 붉은 싹이 폐병 환자의 침처럼 돋아난다 어떤 아가씨는 그것이 꽃이라고 하지만 나는 믿기지 않는다 그러나 혼자 견디려면 어떻든 믿어야 한다, 믿어야 한다

높은 나무 흰 꽃들은 등燈을 세우고 6

   보랏빛 밤이다 눈알 한쪽이 아파서 동굴처럼 깊다 옆집 뒷집이 모두 축제라서 밤새 불이 꺼지지 않고 나무들의 열매는 종양처럼 검다 한번 더 뒤집어 누우면서 나는 고향에 닿으려 하지만 아니다, 아직 멀다 이렇게 기다리면 길은 늦게 애 밴 여자처럼 찾아오리라 밖으로 나가보면 언제 비가 왔는지 길은 젖어 있다 이젠 됐다, 몇 발자국 걸어 나가면 다른 빛깔의 길이 이어진다

높은 나무 흰 꽃들은 등燈을 세우고 7

햇빛은 따스하지만 바람은 아직 쌀쌀해서 새들은 자꾸 목을 감춘다 기숙사 담벽 아래 흰 매화꽃들이 검은 가지에 소복이 앉아 미끄러질 듯하고 아까부터 벤치에 앉은 젊은 남녀는 붕어처럼 입을 맞춰댄다 아까부터 그들을 바라보는 나는 으드득 이를 갈아보지만 그건 무슨 불만이 있어서가 아니라, 아직은 붙어 있는 위턱과 아래턱 사이의 친화력을 확인해보기 위해서이다

높은 나무 흰 꽃들은 등燈을 세우고 8

생제르맹앙레의 육중한 교회 기둥 앞에서 내려다보면 오래된 시청 건물의 금시계, 검은 시침과 분침은 중세의 칼날 같다 근처 공원에는 마로니에 나무들이 빛나는 창 같은 흰 꽃을 세우고 지나가는 아가씨들의 불쑥불쑥 솟은 유방은 공격적이다 이곳에서 나는 욕망이 없는 사람들에게 하루가 얼마나 길까 생각해본다 또 날으는 새들의 흰 배를 지켜보면서 욕망의 몸집이 얼마나 가벼운가를 생각해본다

높은 나무 흰 꽃들은 등燈을 세우고 9

집 나온 지 며칠 자꾸 바람이 불어 하늘 한쪽에 집들이 떠다니고, 나도 나무도 팔다리가 따로 놀그 얼굴을 더듬으면 탈일 뿐이다 어디 눈물샘이 있는지 더듬어보지만 울어본 지 오래여서 울 수가 없다 그대 집은 플라스 디탈리, 내 사랑은 바람 부는 강을 건너 그대 집에 닿았는가 내게는 바람 외에 다른 살이 없다 꽉 찬 환화幻化여, 나는 이제 정신이 들 것만 같다 육십 년 후 이맘때 플라스 디탈리 중국집 근처를 떠돌 환화여, 지금 내가 울면 그대도 따라 울 것인가

높은 나무 흰 꽃들은 등燈을 세우고 10

 센강 변의 배들, 물에 비친 배 그림자 순간마다 달라지고 웬 마로니에는 그렇게 많은 꽃등을 세우는지, 그 꽃등 뒤에 무엇이 무엇이 숨어 있는지 보고 싶지만 무서움은 다만 내게 있고, 흐르는 노래는 옛날 노래 "상주 함창 공갈못에 연밥 따는 저 처자야……" 한참 걷다 보면 꺼멓게 탄 여학생 시체 둘이 나란히 걸어온다 연극일 뿐이야, 다짐하지만 언제 나는 무대 밖에 있었던가 생사는 대사요 몽중생사라더니 역시 꿈은 서럽고 삶은 폭력적이다

높은 나무 흰 꽃들은 등燈을 세우고 11

　내가 마로니에 나무 그늘 밑으로 지나갈 때면 엉금엉금 기는 무지렁이 같았는지, 아니면 그 두터운 피질에 혀를 박고 단물을 빠는 쓰르라미 같았는지, 갑자기 어제저녁 텔레비에서 흑인 남자가 백인 여자의 가슴을 벗기고 젖꼭지를 빨아대던 장면이 생각났다 그때 그 여자의 눈동자처럼 지금 나무는 전방 십오 도 각도 위로 먼 저녁 노을을 그리고 있는 듯싶다

높은 나무 흰 꽃들은 등燈을 세우고 12

 큰, 아주 큰 마로니에 잎새들은 수천 송이 흰 꽃들을 세우고, 그 큰 나무는 소담스런 성채 같고 성당 같고 거기서 때로 검은 새들이 불쑥불쑥 튀어나오기도 하는데, 그때마다 저마다 무슨 문을 밀고 나오는 것만 같다 문을 열고 나와도 넉넉하고 문을 밀고 들어가도 넉넉한 키 큰 마로니에 나무여, 나 언젠가 너의 잎새를 열고 들어가 낌새도, 자취도 없이 수천 송이 너의 흰 꽃 속에 섞일 수 있을까

높은 나무 흰 꽃들은 등燈을 세우고 13

어제는 아무하고도 이야기하지 않았다 두 번 식당에 갔지만 우리 말을 아는 사람을 만날 수 없었기 때문이다 저녁때 책을 읽다가 갑자기 사라져버린 나를 부르며 소스라쳐 일어났다 그대여, 그대가 없다면 일찍이 나도 없는 것이다

높은 나무 흰 꽃들은 등燈을 세우고 14

 식당에서 밥 먹고 있는데 바로 앞 식탁에서 등을 돌리고 열심히 고기를 씹고 있는 젊은이, 어쩌면 한국 사람인지 모른다 끊임없이 그는 원통형으로, 타원형으로, 나선형으로 턱뼈를 돌리며 질긴 고기를 씹고 있다 보지 않았어도 될 것을…… 못 볼 것을 본 것처럼 나도 열심히 캄캄한 내장 속으로 잘 씹히지 않는 것을 밀어넣는다

높은 나무 흰 꽃들은 등燈을 세우고 15

 어제저녁엔 어머니, 내 눈썹 끝에 매달려 울고 계셨네 목소리는 찢어지고 옷도 찢어지고 보이지 않는 동굴 속으로 손톱 긴 손이 내뻗쳤네 내 잠은 강이었네 백사장 없는 물길 따라 난 걸었는지, 헤엄쳤는지 알 수 없었네 자고 나면 우리 어머니, 무게가 없어 하늘 한쪽 끝에 오래 떠 있었네

높은 나무 흰 꽃들은 등燈을 세우고 16

   아침에 갑자기 아내에게서 전화가 온다 어머니가 몹시 아프다고…… 전홧줄이 타들어가는 것만 같다 나는 막 떠나가는 기차에 매달린다 저기 우리 어머니가 타고 계신다 "어머니, 내리세요, 그 차가 아니에요!" 그러다가 또 잠에서 깨어나기도 한다

높은 나무 흰 꽃들은 등燈을 세우고 17

    여기 오래 있다 보니 어머니 생각이 간절하다 거기 있을 때 나는 남편이며 아버지였지만 여기서 나는 다시 아들이 된다 여기 오래 있다 보니 어머니와 아내가 한 몸이 된다 내가 어머니라고 불렀더니 아내였고, 아내라고 불렀더니 어머니였다 확실히 혼동은 슬픔을 가져다준다

높은 나무 흰 꽃들은 등燈을 세우고 18

   그대가 결혼을 하면 여인은 외부로 열린 그대의 창 그 풍경의 아름다움을 영원히 보지 못했을지도 모를 일 그대가 그 여인에게서 아이를 얻으면 그대의 창은 하나둘 늘어난다 그 아이들이 아니었다면 그대는 캄캄한 어둠 속에 갇혀 있었을지 모른다 그처럼 또한 그대는 그대의 아내와 아이들의 외부로 열린 창 그대가 아무도 만나지 않고 아무도 그대를 만나지 않을 때 그대는 벽이고 누구나 벽이 된다

높은 나무 흰 꽃들은 등燈을 세우고 19

　나의 아이는 언제나 뭘 물어야 대답하고 그것도 그저 "응" "아니요"라고만 한다 그때마다 나는 가슴이 답답하고 저 아이가 딴 아이들처럼 자기주장을 하고 억지도 썼으면 좋겠다는 생각을 한다 때로 나의 아이가 무작정 울면서 들어오지만 아무리 물어도 제가 왜 울었는지를 모른다 나의 아이는 그 마음이 따뜻하고 나름대로 고집과 욕심이 없는 것도 아니지만 나는 무언가 마저 주지 못한 것 때문에 늘 마음이 답답하고 그것이 무엇인지 물어보지만 또 잊어버리곤 한다 나의 아이를 내가 늘 잊지 못하는 것은 저러자면 저는 얼마나 답답할까 하는 생각이 가끔씩 들기 때문이다

높은 나무 흰 꽃들은 등燈을 세우고 20

    여기 와서 제일 허전한 순간은 잠잘 때이다 아이들 이불을 덮어주고 불도 꺼주어야 할 텐데…… 머리는 이내 잠자려 해도 발은 자꾸만 아이들 방으로 가고 손은 불 끄는 시늉을 한다 그러면 머리는 가엾다는 듯 고개를 저으며 타이르기 시작한다 자거라, 손아 이젠 잠들어라, 발아 아이들은 지금 잠자고 있을 때가 아니다 지금쯤 동네 앞길에서 오만 고함을 다 지르며 신나게 놀고 있을 거다

높은 나무 흰 꽃들은 등燈을 세우고 21

  지금 환한 대낮에 푸른 나무들을 바라보며, 나무들의 긴 그림자 밟으며 지금쯤 아이들이 무엇 하나 생각해보지만, 아마도 깊은 밤 깊은 잠 속에 들어 있을 아이들 생각하면 나는 가끔 무섭기도 하다 어느 날 나 먼저 세상 떠나 깊은 잠 속에 빠져 있을 때 아이들은 환한 대낮, 푸른 나무들의 그림자 밟으며 나를 생각할 적도 있을까 이 소꿉놀이가 끝나는 것은 언제쯤일까

높은 나무 흰 꽃들은 등燈을 세우고 22

　세상에는 아내가 있고 아이들이 있다 이런 세상에, 어쩌자고, 이럴 수가 세상에는 아내와 아이들이 나를 기다리고 있다 지금 내가 보는 들판에는 깨알만 한 작은 흰 꽃들이 잠들었는지, 보채는지 널브러져 있다 그 길을 나는 보이지 않는 아내와 아이들과 더불어 걷고 있다 언제는 혼자 가는 길인 줄 알았는데 깊이 묶여 떨어질 수가 없구나 이런 세상에, 어쩌자고, 세상에는 아내와 아이들이 있다

높은 나무 흰 꽃들은 등燈을 세우고 23

　헐떡거리는 개처럼 목이 말라 나는 팔과 다리를 질질 끌며 아무도 없는 내 처소에 돌아왔다 그리고 조용히 문을 열고 높다란 나무를 쳐다보다가 거기 한 가지에 아슬아슬하게 앉은 흰 새의 궁둥이를 바라보며 동요를 부르기 시작했다―우리 엄마 말 타고 서울 가시고―우리 엄마 조랑말, 무덤 속의 초록 말―우리 엄마 말 타고 서울 가시고……

높은 나무 흰 꽃들은 등燈을 세우고 24

밤 11시 혼자 화장실 창문을 열고 하늘로 치솟은 검은 나무를 바라본다 오래 고향에선 편지가 오지 않고 나는 늘 혼자다 혼자 잠자고, 혼자 밥 먹고…… 이런 일이 있으리라 생각이라도 했겠는가 내 바라보는 검은 나무에는 달빛 한 점 묻지 않고, 그 속에서 검은 잠을 자는 새들이라도 있는가 오래 고향에선 편지가 오지 않고, 바람 불면 푸른 나무 그늘 아래 흰 떡시루를 이고 오는 젊으실 적 어머니 어쩌면 그런 일이라도 있었던가 검은 새, 검은 새야 우리 어머니 이고 오는 흰 떡시루라도 보이는가

높은 나무 흰 꽃들은 등燈을 세우고 25

　해군 버스가 지나가면서 그 많은 해군 가운데 하나가 씽긋 웃는다 나도 씽긋 따라 웃는다 머나먼 별 하나가 보이지 않는 다른 별 하나를 향해 그러하듯이…… 우리는 우리가 하는 일을 모른다 우리가 본 것들은 우리가 보고 싶어 한 것이었는지 모른다 그러나 우리란 또 누구인가 지나가는 것들은 제가 지나가는 줄 모르고 자꾸 웃는다 지나가는 그대의 짧은 머리카락이여, 우리가 본 것들은 모두 바람이 본 것들이다

높은 나무 흰 꽃들은 등燈을 세우고 26

    지하철 앞자리에 앉은 아가씨의 눈길은 조금 젖어 있다 물가를 날으다 솟아오르는 잠자리 날개 같다 초록빛 물풀 사이로 스쳐 지나가는 투명한 눈길 검붉은 아가씨의 얼굴색은 섞여 있다 인도나 아랍, 혹은 흑인 노예의 피가 섞였는지 모른다 먹다 남은 사과 위에 주둥이를 처박은 파리처럼 내 눈길은 물기 많은 그녀의 눈가를 빨다가, 제풀에 놀라 달아나기도 한다

높은 나무 흰 꽃들은 등燈을 세우고 27

한 여인이 웬 서류 봉투를 손에 쥐고 흐느끼며, 흐느껴 울며 갔다 콸콸대는 물소리 같은 울음을 거푸 울며 여러 번 길을 건너갔다 아무한테도 그 울음에 참여할 기회를 주지 않고 세상 끝까지 울음 외에는 다른 길이 없다는 듯이 울며 갔다 비교도, 비유도 허락되지 않는 울음, 꽃 핀 벚나무의 검은 가지처럼 검은 길을 그 울음으로 적시며

높은 나무 흰 꽃들은 등燈을 세우고 28

    도서관 포마이카 책상 위에 비치는 유리창 격자의 그림자, 깊은 물속 흔들리는 교각인 듯 깊어 현기증이 났다 시간의 손때에 닳아 빛나는 포마이카 책상, 유리창 격자 아래로 뭉게뭉게 흐르는 하늘…… 흐린 호지胡地의 하늘이 내 눈에 비쳐 다시 그 하늘로 돌아가고 있다

높은 나무 흰 꽃들은 등燈을 세우고 29

    이렇게 또 헛된 희망은 밤이 되면 젖은 빨래처럼 나부끼고 머리털이 곤두서도록 잠은 오지 않는다 머리맡에는 히말라야 기슭에서 건너온 진흙으로 만든 부처, 그리고 대서양 연안 에트레타 바닷가에서 주워 온 혜골 닮은 돌, 오, 살을 떠낸 물고기 뼈 같은 잠, 너무 가벼워 내 눈엔 앉지 않는다

높은 나무 흰 꽃들은 등燈을 세우고 30

    다시 내가 화장실 좌변기 위에 앉을 때, 흰 욕조 위에 내려앉는 햇빛, 떡살처럼 희고, 살 떠낸 물고기 뼈처럼 가지런한 햇빛 그림자, 커튼이 일렁일 때마다 달라지는 무늬 너무 가벼워 자취가 없다 잠시 구름 그늘 지면 저와 저 아닌 것 사이의 경계를 지우는 햇빛, 문 열고 커튼을 열어젖히면 햇빛도, 햇빛 그림자도 없다

높은 나무 흰 꽃들은 등燈을 세우고 31

며칠 전부터 날씨가 쌀쌀하기 시작하더니 맞은편 석조 건물이 먼 잿빛 하늘 속으로 빨려 들어가면서, 한순간 땅덩이 전체가 번쩍 들어 올려졌다가 다시 내려온다 이 가벼움 속에는 무언가 불편한 것이 있다 중심과 질서에 대한 배반, 그럴 때 나는 으슬으슬 추워지기 시작한다 싸늘한 공기와 내 살갗이 통정하는 것이다 식어가는 등골이 굳어가는 대지와 교신하는 것이다 우주적 감기의 시작이다

높은 나무 흰 꽃들은 등燈을 세우고 32

 창문 두 쪽을 가득 채운 나무, 저렇게 많은 잎과 가지들이 흔들리자면 아름드리 둥치는 얼마나 비틀리겠는가 큰 것들은 다름 아닌 수많은 작은 것들의 비애의 합침 더 세게 흔들리다 보면 몸통이 찢어지고 빠개질 것 같아도 질긴 비애의 세월에 겹겹이 둘러싸인 큰 나무는 밤새도록 정정하다

높은 나무 흰 꽃들은 등燈을 세우고 33

  온 여름 소나기처럼 붉은 꽃들이 쏟아지던 네 어깨 위로 배꼽만 한 열매들이 옹기종기 모였구나 나 게로, 내게로 밀려와, 차마 네게로 밀쳐냈던 지독한 슬픔을 너는 기어코 받아냈구나 지금은 그 몸부림에 주인이 없고 짙은 잎새에 가려 잘 보이지 않는 숱한 생채기, 깨진 그릇 이빨 같은

높은 나무 흰 꽃들은 등燈을 세우고 34

 말라붙은 샘 두 개, 그 주위로 가시덤불, 검붉은 가파른 길들 엇갈리고 아직 안 부서지고 남은 언덕 두 개, 희끗희끗 껍질 벗겨진 나무, 높은 가지 흰 꽃 세우는 나무가 아니라 진물도 말라붙은 늙은 나무— 여기서 믿음에 대해 질문하는 것은 여전히 믿음이다

높은 나무 흰 꽃들은 등燈을 세우고 35

    지금 이곳엔 자지러지는 새소리와 흰 꽃들, 이것은 한 무리의 잠인가, 꿈인가 나무들의 검은 둥치를 이기는, 이겨내는 흰 꽃들, 삶은 치유받을 대상이 아니었다 치유받아야 할 것은 나였다 나는 이제 속눈썹을 버린다 세상의 검은 구멍을 향해

높은 나무 흰 꽃들은 등燈을 세우고 36

봄, 연둣빛, 흐린 하늘, 그날 왜 나는 짐승스럽다는 생각을 했을까 분명히 연둣빛 잎들이 짐승스러운 것은 아니었는데 그렇다면 내가 짐승이었기 때문일까 봄, 연둣빛, 아침 아홉 시의 흐린 하늘, 생명의 한 싹이 베어 물고 있는 흐린 하늘, 내가 떠나면 날이 개이리라

II. 천사의 눈

정물

꽃들, 어두워가는 창가로 지워지는
비명 같은 꽃들
흙이 게워낸 한바탕 초록 잎새 위로
추억처럼 덤벼오는 한 무리 붉은 고요
잔잔한 물 위의 소금쟁이처럼
물너울을 일으키는 꽃들
하나의 물너울이 다른 물너울로 건너갈 동안
이마를 떨구고 풍화하는 꽃들
오, 해 떨어지도록 떠나지 않는 옅은 어질머리

봄밤

바깥의 밤은 하염없는 등불 하나
애인으로 삼아서
우리는 밤 깊어가도록 사랑한다
우리 몸속에 하염없는 등불 하나씩 빛나서
무르팍으로 기어 거기 가기 위해
무르팍 사이로 너는 온 힘을 모은다
등불을 떠받치는 무쇠 지주에 차가운 이슬이
맺힐 때 나는 너의 머리를 쓰다듬어
저승으로 넘겨준다 이제 안심하고 꺼지거라
천도복숭아 같은 밤의 등불이여

소묘

1
너의 눈길은 가슴을 스쳐 지나가고
너의 손은 갈색 이불 위에 스며 있다
너의 무릎은 낭떠러지처럼 떨어지고
너의 살 속엔 천 개의 눈이 있다
심장의 파닥거림도 창자의 꿈틀거림도
다 가린 한 장의 이불 같은 살,
심장의 파닥거림과 창자의 꿈틀거림이
일으키는 천 개의 눈망울……

2
무거운 가슴에 휘어지면서
너의 허리는 둥근 방을 만든다
완만한 낭떠러지 아래 너의 팔은
다섯 손가락의 고요로 퍼진다
검은 잎새 사이 파묻힌 얼굴은
밤바다에 밀려온 새하얀 경이,
팽창하는 내부의 힘에 밀려
느닷없이 새어 나온 눈길은 갑자기

떨어지는 공처럼 받을 수가 없다

3
눈썹과 속눈썹, 두 겹의 비밀 아래
너의 눈은 솟구쳐도 넘치지 않는 샘이다
귓불 아래 너의 목이 휘어지는 것은
무거운 잠으로 흘러내리는 두 개의 가슴을
안간힘으로 끌어당기기 때문이다
두 쪽으로 갈라지면서 둥글게 너를 감싸는
허리는 배 속에서 얽힌 힘의 소용돌이로
긴 무릎을 일으켜 세우고, 또 남는 힘으로
자기의 둥근 선을 더욱 둥글게 한다

4
다만 하나의
숨결로부터
제 논리와 이유에서
부풀어오른 힘

팽창이 끝난 자리에
그윽한 눈이 생겨났지

살덩어리를 매달고
홀로 도는 둥근 뼈
오직 몸 부빔에서만
꺼지는 불, 살아 붐비는 불

음악

비 오는 날 차 안에서
음악을 들으면
누군가 내 삶을
대신 살고 있다는 느낌
지금 아름다운 음악이
아프도록 멀리 있는
것이 아니라
있어야 할 곳에서
내가 너무 멀리
왔다는 느낌
굳이 내가 살지
않아도 될 삶
누구의 것도 아닌 입술
거기 내 마른 입술을
가만히 포개어본다

가을날

 자잘한 잎새 사이로 엷은 하늘색 꽃들이 바람에 불릴 때 그는 말했다
 "가을인데 꽃이 피었네요 이 꽃들이 왜 지금 피는지 모르겠어요 가령 내게도 흰 줄무늬 여름옷이 있는데 그걸 가을에 입으면 좀 이상해요 기울기라는 게 있나 보죠 그 기울기를 이 꽃들은 모르나 봐요 아니면 알면서도 그냥 피는지……"
 헤어지면서 나는 대답했다
 "글쎄요 나도 그래요 왠지 나도 그런 것 같아요 오늘 아침엔 갑자기 몸이 허공에 뜬 것 같았어요"

삼월

나의 아이는 오늘 처음 자기 자리에 가 앉는다
선생님이 무슨 이야기를 해도 자꾸 뒤돌아보며
아빠를 찾는다 아이는 제 이모가 사다 준 빨간
원피스를 입고 아침부터 학교에 가자고 조르더니
학교에 와서는 이렇게 조용하기만 하다 삼월이라
창밖에는 찬비가 내리고 오버 깃을 올려도
목이 시리다 나는 또 아이를 두고 직장으로
가기 위해 눈짓을 하고 아이는 알았다는 듯이
고개를 끄덕인다 이렇게 첫날의 기쁨은 찬비에
얼룩지고 삼월의 입김은 흐린 안개와 뒤섞인다
신호등 앞에서 아이의 원피스가 붉은 제라늄처럼
떨어지고 젖은 초록 눈동자 잠시 깜박거린다

잠

 밤늦게 돌아와 아이들 자는 방에 불을 켜던 사내애 둘이서 팔을 치켜들고 무슨 벌 받는 자세로, 험난한 고행하는 자세로 간혹 푸, 하고 깊은 숨을 내쉬고 들이쉰다 들이쉬는 정도가 아니라 들이켠다 저 아이들이 대체 무거운 죄 있을 리 만무하지만 진땀 흘려 머리칼 축축하고 목이 뒤틀려 헐떡이는 것 오래 내려다보기 민망하다 온종일 웃다가 울다가 천방지축 잘 뛰놀던 아이들이 서로 엉켜 거친 잠에 시달리는 것 보노라면 사는 일이 저들에게도 거친 일인 줄 알게 된다

소리

　새벽에 잠이 깨어 담배 한 대 피워 물고 부엌 환풍구 창을 열면 아주 작은 바퀴 밀리는 소리 들린다 동그랗고 까끌까끌한 소리 무엇엔가 저촉되면서도 기분 좋은 소리 유리창은 지금까지 그 바퀴 때문에 무리 없이 열릴 수 있었던 거다 낮에는 들리지 않는 소리 아주 조그맣고 동글동글하게 칭얼거리는 소리

화장실에서

  화장실에서 머리를 감고 엉킨 머리카락을 걷어 변기에 버리면 까만 도넛 모양이 한순간 빙빙 돈다 그러면 나는 물을 내린다 한때 내 것이었던 것, 정화조 속에서 얼마나 더 썩어야 검은 도넛은 사라질까 한때 내 것이었던 것, 한때 나였던 것들을 느닷없는 물의 소용돌이 속에 곤두박질시키며 나는 누구를 버리는가 내가 저를 기억하지 못하매 저가 어찌 나를 기억할 것인가

바다

바다에 가면 파도는 너무 낮아서 팔을 뒤로 하고 주저앉을 수밖에 없다 바다에 가면 그 어느 바다라도 (내가 본 바다, 짬밥 먹던 수병 시절 달포씩 헤매 다녔던 서해 바다, 유학 시절 프랑스에서 보았던 지중해와 대서양) 너무 낮아서 몸을 젖히고 땅끝까지 고개를 젖히고, 그래도 바다는 너무 낮아서 눈시울을 수평선에 맞출 수가 없다 언제나 바다는 낮고 나는 너무 높아서, 젖가슴 위로는 쓸데없는 것인 줄 알고 나직이 한숨짓는다

아무도 기억하지 않는 죽음

나방이 한 마리 벽에 붙어 힘을 못 쓰네 방바닥으로 머리를 향하고 수직으로 붙어 숨 떨어지기를 기다리네

담배 한 대 피우러 나갔다 온 사이 벽에 나방이가 없네 그 몸뚱이 데불고 멀리 가지는 못했을 텐데 벽에도 방바닥에도

나방이는 없네 아직 죽음은 수직으로 오지 않았네 잘 살펴보면 벽과 책꽂이 사이 어두운 구석에서 제 몸집만큼 작고,

노란 가루가 묻은 죽음이 오기를 기다리네 아무도 기억하지 않는 죽음은 슬프지 않아라, 슬프지 않아라

봄날

누가 브래지어를 벗긴 것도,
숨긴 것도 아닌
공단 옆 연둣빛 젖무덤 올망졸망
연둣빛에서 초록빛으로 옮아가며
나른히 몸 뒤채는 젖무덤들
이쪽에서 누르면 저쪽으로
삐져나올 것 같은 젖무덤들
고운 먼지 머금은 봄바람은
수줍어 조심조심 쓰다듬어보다가
기어코 올라타서 성급하게 몸 구른다
말라비틀어진 작년 갈대들이
목쉬도록 타일러도 소용없는 일이다

유혹

 햇빛이 푸른 잎새들과, 잎새들 위에 드리워진 다른 잎새들의 그림자와 뒹굴며 엎치락뒤치락 드잡이하다가 서로 물고 빨고 킥킥거리다가 또 한동안은 무슨 화가 그리 났는지 잠잠하다가 고운 먼지 이는 흙길 위에 잠시 졸다가 또 미친 듯이 찧고 까불고 오만 춤을 다 추더니, 저녁 무렵에 어두워지면서 가는 빗줄기 뿌린다 끝내 저 가는 빗줄기는 하루 종일 잘 놀던 햇빛의 맨살을 만져보지 못한 것이다

수세미

 추석 이튿날 아침 수세미나무 잎새는 얼마나 환한가 얼마나 단정한가 수세미나무 잎새는 포도나무를 타고 가다 등나무 줄기로 점프하고 바람 한 점 없는 하늘에 여러 겹 우산이 된다 빨간 우산, 노란 우산, 찢어진 우산이 아니라 한결같이 초록 우산, 너무 가벼워 공중에 떠어 있는 초록 우산을 땅속에서 꼭 잡고 놓지 않는 초록 아이들

등나무

 등나무 줄기는 이층 베란다로 턱걸이한다 그 줄기 끝에 무슨 눈이 달린 것도 아닐 텐데 어김없이 매달릴 데를 찾아 몸을 던진다 긴 작대기로 후려쳐 앞거리를 끊어놓아도 등나무 줄기는 한사코 이층 베란다로 쳐올라간다 저 여린 줄기 어디쯤에 끔찍한 광기가 숨어 있는지 보이지 않는 그물 사다리를 타고 음험한 땅의 욕망을 하늘에 내거는 등나무는 시멘트 벽이든, 알루미늄 섀시든 어디에나 비비고 틀어박혀 쉴 새 없이 감아오르며 비틀리는 제 몸뚱아리까지 숙명적 상승의 전략으로 삼는다

부화

　아파트 앞길에서 흰 수건 머리에 두른 청소부 아줌마가 길바닥을 쓸어낸다 빗자루와 흙먼지는 한통속이 되어 빗질하는 청소부 아줌마를 밀어낸다 한여름 타는 아침의 포기할 수 없는 싸움, 빗자루와 길바닥이 일으키는 초전도 불꽃, 사람들은 코를 막고 비껴가지만 땀에 전 청소부 아줌마 한사코 빠져나오지 못한다 먼지와 햇빛 뒤범벅, 뿌연 고치 속에서 막 부화하는 나방

어머니

　나는 처음에 봉산탈춤의 사자춤 추는 가면인 줄 알았다 십여 년 전 총 맞아 죽은 아들의 무덤 앞이 풀뿌리 쥐어뜯으며 통곡하는 팔순 어머니 자신의 가슴에, 남의 가슴에 쪼그라든 주먹으로 못을 박으며 흰머리 헝클어 무덤을 덮는 어머니 내일이면 스스로 세상을 떠나면서도 제명에 죽지 못한 아들의 무덤을 맨이마로 바수고 또 바수는 어머니 대관절 자식이 무엇이기에, 어찌 그리 귀여운 자식이 있었기에 통곡으로 꿈틀거리는 봉산탈춤의 사자탈 같은 어머니

고모

팔순이 넘은 고모 팔을 다쳐 오래 고생하신다기에 경로당에 찾아갔더니, 그 옛날 원생댄지 시생댄지 그런 까마득한 시절 괴상한 이름의 공룡의 다리 같은 팔을 내저으며 고모는 그냥 앉으라고 했다 그 어떤 슬픔도 연민도 앉을 자리가 없는 퉁퉁 부어오른 팔은 오래된 비닐 껍질처럼 허물이 벗겨지고 귀지 같은 딱지가 더덕더덕 붙어 있어 내 어릴 때 친정 왔던 원골 김실이의 팔이 아니라, 어느 날 느닷없이 쳐들어와 쪼그라진 어깨에 들러붙은 괴물의 뒷다리, 그래도 그것이 아직은 주인의 말귀를 알아들어 화투장을 제끼고 십 원짜리 동전으로 잔금을 치르기도 하였다 과자나 사 드시라고 만 원짜리 한 장을 쥐여드리면 물에 잠긴 밥알처럼 희미한 웃음을 고모의 눈곱 낀 눈은 웃었다

슬픔

여름날 기차는 땡볕 붉게 튀는 고집불통 레일 위를 굴러온다 경적도, 연기도 없이 기차는 불타는 들판 위로 숨 한번 멈춰 쉬지 않고, 무언가 기어코 꿰뚫어야 할 것이 있다는 듯이, 끝이 보이지 않는 검은 송곳처럼 지근거리는 머리 한복판을 파고들어 온다 무언가 기어코 박살내야 할 것이 있다는 듯이…… 우우, 함성 지르며 일제히 날아오는 모래주머니에 기어코 흰 종이 타래를 내쏟는 함지박처럼 내 두개골이 갈라터지고 기차드, 레일도 보이지 않는 들판에 드문드문 들국화가 피어오른다

밤

1

나뭇잎 하나 살며시 제 끄트머리를 들어 웬 여자의 생머리를 보여준다 아니다 잘못 보았다 나뭇잎 하나 살며시 뒤집혀지면서 웬 여자의 고운 목선을 보여준다―기쁨 어디 있니, 기쁨 어디 있어 나무야, 너와 나 굶어본 지 얼마 만이냐

2

밤에 나무둥치들은 고요하다 새떼들이 쪼으다 남겨놓은 별들, 몸 뒤채는 연못에선 개구리 한 마리 두 다리를 배꼽까지 꺾어 올렸다가 가지껏 밀어 찬다 캄캄한 힘이 뭉칠 대로 뭉친 고요, 낮은 한숨 소리에도 육중한 드럼통처럼 굴러가는 밤

3

밤에 나뭇잎들은 비늘 떨어진 물고기처럼 헤엄쳐 온다―잘못 살았다고! 밤에 나뭇잎들은 부러진 칼끝처럼 가슴에 와 박힌다―잘못 살았다고! 어디 외진 땅에 녹슨 성기를 박고 팥죽땀 흘리며 보고 싶다, 땅속에서 빛나

는 흰 고드름 성좌

4

밤중에 나가 보니 뾰루지 같은 등불이 색을 쓴다 밤중에 나가 보니 정말 북극곰좌가 사타구니를 벌리고 한번 박히기를 원한다 여름이 끝난 밤중에 개구리 울음 대신 빈 껍정이 옥수수가 히히 웃고 있다 저것들, 한 번도 제 가슴의 밑바닥에 닿아보지 못한 것들, 막무가내로 남이 되려 색 쓰는 것들

5

늦은 시간, 늦었어, 길 옆 신호등을 감싸 안고 부화를 기다리던 미루나무 잎새들 다 떨어져 헐빈하고, 가지 사이로 들어가는 바람은 푸른 잎새 물고 나오지 못하네 어쩌면 좋아, 어쩜! 지나간 날들 돌팔매처럼 날아오고 새들이 먹다 남긴 옥수수 대궁 말라가네 이제 발자국은 헤매려 하지 않네 철없는 걸음 아무 길도 받아주려 하지 않네

11월

1
등 뒤로 손을 뻗치면 죽은 꽃들이 만져지네
네게서 와서 아직 네게로 돌아가지 못한 것들
손을 빼치면 온통 찐득이는 콜타르투성이네
눈을 가리면 손가락 사이로 행진해 가는 황모파黃帽派
승려들, 그들의 옷은 11월의 진흙과 안개
김밥 마는 대발처럼 촘촘한 날들 사이로 밥알
같은 흰 꽃 하나 묻어 있었네 오랜 옛날 얘기였네

2
그대 살 속에 십 촉짜리 전구 수천 빛나고
세포 하나하나마다 곱절 크기의 추억들
법석거리니 너무 어지러워 눈을 감아도
환하고 눈 뜨면 또 어지러워 늘 다니던
길들이 왜 이리 늙어 보이는지 펼쳐놓은
통치마 같은 길 위로 날들은 지나가네
타이탄 트럭에 실려 시내로 들어가는 분홍빛
얼굴의 돼지들처럼, 침과 거품 흐르는 주둥이로
나 완강한 쇠창살 마구 박아보았네 그 쇠창살

침과 거품 흘러내려 흰 고드름 궁전 같았다

3
11월, 천형의 땅 삶긴 번데기처럼 식은
국물 위에서 11월, 기다리지 않았으므로
노크 한번 하지 않았으므로 11월, 미구에
감긴 눈으로 쏟아져 들어올 흰 눈 흰 밀가루
포대 터져 은박지로 구겨질 겨울 11월,
이젠 힘이 부쳐 일어서지 않는 성기
포르노처럼 선명한 욕망의 밑그림 11월,
삼켜지지 않는 뜨거운 수제비 알 같은 여름

4
겨울의 입구에서 장미는
붉은 비로드의 눈을 뜨고
흰 속눈썹처럼 흔들리는 갈대
돼지 멱따는 소리로 우는
가을꽃들의 울음을 나는
듣지 못한다 초록 네온사인

'레스토랑 청산' 위로 비가
내리고 나는 세상의 젖은 몸
위에 "사랑한다"라고 쓴다

호랑가시나무의 기억

1

먼지 낀 유리창 너머로 보이는 풍경(짐 실은 트럭 두 대가 큰길가에 서 있고 그 뒤로 갈아엎은 논밭과 무덤, 그 사이로 땅바닥에 늘어진 고무줄 같은 소나무들) 내가 짐승이었으므로, 내가 끈끈이풀이었으므로 이 풍경은 한번 들러붙으면 도무지 떨어질 줄 모른다

2

국도에는 먼지를 뒤집어쓴 노란 개나리꽃, 배가 빵그란 거미처럼 끊임없이 엉덩이를 돌리며 지나가는 레미콘 행렬, 저놈들은 배고픈 적이 없겠지 국도변 식육 식당에서 갈비탕을 시켜 먹고 논둑길 따라가면 꽃다지 노란 꽃들 성좌처럼 널브러져 있고, 도랑엔 처박혀 뒤집혀져 녹스는 자전거, 올 데까지 온 것이다

3

운홍사 오르는 길 옆, 산에는 진달래 물감을 들이부은 듯, 벚나무 가지엔 널브러진 징그러운 흰 꽃, 거기 퍼덕거리며 울음 울지 않는 것은 바람에 불려 올라간 검은 비닐

봉지, 안 될 줄 알면서도 한번 해보는 것이다 꽃 핀 벚나무 가지 사이에 끼어 진짜 새처럼 퍼덕거려보는 것이다

4

아파트 옥상마다 신나게 돌아가는 양철 바람개비, 언젠가는 저리 신나게 살 수도 있었을까 청도 각북 용천사 가는 길, 산 능선을 타고 건장한 송전탑들 이어지고 비탈을 타고 내려오는 진달래 꽃불, 저를 한 마리 꽃소로 만드는 것도 산은 알지 못한다

5

흐린 봄날에 연둣빛 싹이 돋는다 애기 손 같은 죽음이 하나둘 싹을 내민다 아파트 입구에는 산나물과 찬거리를 벌여놓고 수건 쓴 할머니 엎드려 떨고 있다 호랑가시나무, 내 기억 속에 떠오르는 그런 나무 이름, 오랫동안 너는 어디 가 있었던가

죽음

1
키 큰 말 한 마리
검은 눈을 껌벅거린다
몇 번 더 껌벅거리다가
종내 눈을 감는다

말의 속눈썹이
파리 다리에 난
무성한 털 같다
검은 철사로 엮은 꽃

2
거친 산비탈에 엎어진 그대가
물속에 잠기고
물 먹은 쥐처럼 배가 불러도
비는 나직이 내려
귓바퀴 속으로 흘러든다
비는 내려 귓바퀴 주위로
헛된 왕관 모양의 경이를 만든다

3
비는 시멘트 바닥과 말라비틀어진 잔디
위에 왔다 질질 끌리는 슬리퍼처럼
비는 왔다가 또 갔다 미망인의
뜯어진 옷고름처럼 슬픔은 꿰맬 수가 없다
미완성의 삶을 완성시키려 하지 마라
비는 웃자란 장다리 흉한 꽃머리에도 왔다
녹물처럼 비는 왔다가 황토 언덕
무너진 눈두덩만 남기고 갔다

4
가난한 죽음에는 화환도 음악도 없다
그저 장식되지 않은 슬픔이다

고인의 영정 위에 내리는 비는
웃고 있는 고인을 찡그리게 만든다

음악도 화환도 없는 영결식에

아버지, 아버지!라고 되뇌이는

목쉰 미망인의 탄식 위에도
비는 링거 방울처럼 천천히 떨어진다

하마, 이 어두운 날에 남녘 땅
형제들이 어떻게 알고 찾아오나

비 그치면 추녀 밑 거미줄에
사나흘 맑은 슬픔이 구르리라

공단 입구

공단 입구 줄지은 대형 트럭과 레미콘 사이, 비는 질척질척 오는데, 내 차는 가로질러 새치기해 들어갔다 길이 미끄러워 차체가 비칠거렸지만 집채만 한 차들은 헤드라이트 한번 번쩍거리지 않고 내 차를 받아주었다 큰 차들이 내뿜는 흙탕물로 창유리는 뿌옇고 가도 가도 전망 없는 미혹의 질膣 속으로 천천히 내 차는 끼어들어가, 불끈 솟아오른 쾌감처럼 헤드라이트를 올리고 욕망의 깊은 적재함 밑으로 빨려 들어갔다

옛날의 불꽃

 나뭇잎들이 마술의 동굴 입구처럼 나직이 드리워진 자리, 터져 나오는 가슴을 동여맨 아가씨들이 키득거리며 사진을 찍는다 날이 어두워서인지 가끔 플래시도 터지고, 터질 때마다 튀어나오다 움칫거리는 젖가슴과, 달라붙은 치마바지가 반질거리도록 팽팽한 엉덩이, 빳빳하다 못해 출렁거리며 강철 줄자처럼 휘어지는 허리의 탄성 앞에 나는 머뭇거린다 백화점 에스컬레이터 앞에서 망설이는 동그란 눈의 꼬마처럼…… 살모사 주둥이처럼 곤두선 저 힘 앞에선 모두가 옛날의 불꽃이다

파리

초가을 한낮에 소파 위에서 파리 두 마리 교미한다 처음엔 쌕쌕거리며 서로 눈치를 보다가 급기야 올라타서는 할딱거리며 몸 구르는 파리들의 대낮 정사, 이따금 하느작거리는 날개는 얕은 신음 소리를 대신하고 털복숭이 다리의 꼼지락거림은 쾌락의 가는 경련 같은 것일 테지만 아무리 뜯어보아도 표정 없는 정사, 언제라도 손뼉 쳐 쫓아낼 수도 있겠지만 그 작은 뿌리에서 좁은 구멍으로 쏟아져 들어가는 긴 생명의 운하 앞에 아득히 눈이 부시고 만다

소풍

1

 맞은편 산 꼭짓점에서 활강해 사뿐히 착지한 그 자세로 절은 흘러내리는 쪽빛 추녀 끝을 살짝 들었다 대적광전 앞 구경 나온 사람들은 요즘 깎아도 돈이 안 된다는 동네 감처럼 얼굴이 붉고, 시름 있는 사람도 시름 없는 사람처럼 붉어 입술마다 미륵불의 미소 머금었다 문틈으로 손짓하는 관음보살 천의 손바닥마다 버들붕어처럼 파인 눈, 안쓰러움이 깊어지면 비늘 같은 눈이 생기고, 더 안쓰러워 병이 되면 비듬처럼 많은 눈 떨어지겠지 약수 흐르는 대나무 통엔 쇠파이프가 숨어 있고, 절 따라 내려오는 시냇물 위엔 녹슨 화두처럼 무쇠 펌프가 박혀 있다

2

 기나긴 가을날 나무들은 얼마 남지 않은 잎새로 지상을 쓸어 검은 대리석 관 같은 세월 드러나기도 하였다 그 옛날 원효의 고향 경산, 옛날의 늪지엔 고층 아파트 줄지어 서고 원효 생시에 보았을 자연 호수는 검은 물결 출렁거려 고구마를 튀겨내는 기름솥 같았다 때로 물결 높아 돋을새김한 부처의 검은 머리통 여럿 구불러다니기

도 했다 방둑 아래 말라가는 갈대 사이로 버려진 자전거 두 대, 하나는 바퀴가 빠졌고 또 하나는 페달이 떨어져나갔다 천년 전 어린 원효가 꺾었을 갈대 곁에서 나는 『영화 펀치』라는 도색 잡지 하나 주웠다 "최은수, 19세, 패션 모델, 34-23-35" 비에 오래 젖어도 브래지어는 벗겨지지 않았다 천년의 검은 못물이 목구멍까지 차올라왔다

천국의 입구

1

그는 천 개의 눈을 가졌다 구백아흔아홉 개의 눈은 덤프트럭 바퀴에 으깨어졌다 한 개의 눈은 그 모든 참사를 확인하도록 남겨졌다 그는 천 개의 눈을 가졌다 일천의 사람들의 고통은 그의 고통이었다 그의 고통은 일천의 사람들의 고통이 아니었다 뒤집힌 그의 눈에선 막 끓여 낸 라면 냄새가 나고, 급히 마른 김 비벼 넣는 소리도 들린다 그의 고통은 남의 고통이 닿을 때 비로소 끓는 속이 된다

2

삼월인데 땅속 보리싹이 올라오지 않았다 검게 죽은 땅이 아스팔트처럼 굳어 있었다 그래도 하루하루 낚시찌 같은 날들이 떠올랐다 또 가라앉았다 우리는 무슨 거대한 통의 내부에 들어 있었다 언젠가 통 전체가 뜨겁게 녹아내릴 것 같았다 때로 술 취한 사내들이 죽은 아이를 안고 찾아와 네가 뿌린 씨앗이니 거두라고 했다 지쳐 잠들면 죽은 아이가 내 머리를 쥐어뜯으며 깨우기도 했다

3

 어젯밤 후배 하나가 다른 후배의 배를 칼로 찔렀는데 피가 안 나왔다 아마 여자 때문인 것 같았는데, 나도 그 여자를 사랑한다는 생각이 들었다 그 여자와 나는 산속으로 도망치기 시작했다 산골짜기마다 젖가슴을 늘어뜨린 여자들이 남자 배 위에서 뒷물을 하고, 또 얼마 만인가 나는 마른 개울 바닥에 엎드려 조금 남은 흙탕물을 빨대로 빨고 있었다 지나가던 등산복 차림의 사내들이 천국의 입구냐고 물었다

천사의 눈

1
민방위 교육장에서 방독면 착용 교육을 받는다
개밥 같은 나날, 식중독은 없다
쉬는 시간 십 분 동안 캠프 헨리까지 산보 간다
세워놓은 콩코드, 에스페로 차 구경하며
개밥엔 희망이 없다, 너의 희망은 무엇이뇨
부귀와 영화에 백년을 더 살아도 북망은 희망이다,
모가지에 흰 꽃 피기 전에는 오, 이차돈!

2
한때 그는 벌집같이 많은 눈을 가졌네 이제 씨가 빠진
해바라기 꽃대궁처럼 그의 눈은 텅텅 비었네 그의 고통
은 말라버렸네 겨울에 그의 꽃대궁이 꺾여 눈밭에 묻힐
때 그의 생애는 완성되네 그가 본 것은 환상이었네

해설

자아의 확대와 상상력의 심화

오생근
(문학평론가)

>꽃들, 어두워가는 창가로 지워지는
>비명 같은 꽃들
>흙이 게워낸 한바탕 초록 잎새 위로
>추억처럼 덤벼오는 한 무리 묽은 고요
>잔잔한 물 위의 소금쟁이처럼
>물너울을 일으키는 꽃들
>하나의 물너울이 다른 물너울로 건너갈 동안
>이마를 떨구고 풍화하는 꽃들
>오, 해 떨어지도록 떠나지 않는 옅은 어질머리
>   ―「정물」 전문

 석양이 저무는 창가에서, 보이는 꽃들이 어둠에 묻

혀 보이지 않을 때까지의 정경을 절제된 표현으로 엮은 이 시에서 화자의 마음은 전혀 노출되어 있지 않다. 다만 "옅은 어질머리"를 통해서 가벼운 현기증이나 정신의 혼란스러움이 짐작될 수 있을 뿐인데, 그것은 그 앞에서의 시적 이미지의 전개로 보아 불안이나 고통에 가까운 느낌보다는 어느 은밀한 추억이나 몽상의 기쁨에 더 가까운 것으로 보인다. 꽃들은 풍성한 생명력과 신선함을 뜻하는 "초록"색을 바탕으로 고요한 분위기에 젖어 있고, 그 분위기가 붉은색의 강렬한 빛깔로 가라앉아 있다가 어느새 물결의 이미지로 변하면서 충만감과 역동성을 드러낸다. 이 시에 연속해 있는 「봄밤」에서도 봄밤의 고요한 시간은 "천도복숭아 같은" 등불로 물질화되고 화자는 그 등불과의 친화감을 평화롭고 사랑스럽게 그린다. 사물과의 친화감, 혹은 존재하는 것들에 대한 그리움, 세계와 자연의 모든 이질적이고 무표정한 요소들 사이의 은밀한 관계를 맺어주거나 그러한 사물의 관계를 생명의 존재로서 따뜻하고 애정 깊은 시각으로 바라보는 시인의 마음은 『호랑가시나무의 기억』의 여러 시편에서 보여지는 주된 특징들이다. 물론 「11월」과 같은 시에서 "등 뒤로 손을 뻗치면 죽은 꽃들이 간져지"고 "손을 빼치면 온통 찐득이는 콜타르투성이"라는 부정적 표현이나 「죽음」에서처럼 "거친 산비탈에 엎어진 그대가/ 물속에 잠기고/ 물 먹은 쥐처럼 배가 불려"오는 죽음의 이미지가 곳곳에 남아 있긴 하지만, 이 시집의 전반적인 흐름은, 파리 체류 시의 외로움과 꿈, 그리움을 노래한 '파리 시편'들을 포함해서 삶의 의미를 긍정적인 방향에서 반추하며, 시적 공간의 질서와 조화로움을 드러내거나, 정제되고 균형 잡힌 시인의 시각을 반영하고 있다. 가령『뒹구는 돌은 언제 잠 깨는가』(1980)『남해 금산』(1986)과 같은 시집에서 보여지는 고통스러운 삶의 의식과 그러한 고통을 감내하면서 말하는 치욕과 부끄러움과, 어둡고 절망적인 세계, 아버지의 존재에 대한 불만과 거부, 어머니에 대한 근원적인 그리움과 어머니의 세계로 표상될 수 있는 것에 대한 줄기찬 회귀의 노력, 혹은 누이를 통해서 말하고자 하는 순결한 자아의 표현 등은 이제 보이지 않거나 다른 형태로 변모되어 있다. 시인은『그 여름의 끝』(1990)에서처럼 일관되고 절절한 목소리로 사랑과 타는 듯한 그리움을 노래하지도 않는다. '당신'을 향해 떠나는 집요한 사랑의 도정이랄까 아니면 쉼 없는 사랑의 고백으로 일궈진 다양하고 복합적인 서정적 표현들은 나타나지 않고, 사랑이 주제일 경우라도 그것은 훨씬 절제되어 있거나 단순화되어 있다. 그 절제와 단순화를 통해서 이성복의 시적 자아는 그 어느 때보다 현실에 가까이 있는 것처럼 보인다. 다시 말해서 과거의 시적 자아가 어두운 사회나 시대, 역사적 현실과의 관련성을 중층적으로 밀도 있게 드러내면서 종종 서사적 자아의 모습을 보이거나 통과 제의적 삶의 도정을 보였다면, 『호랑가시나무의 기억』에 실린 자아는 서정적 자아에 더 가까운 모습이면서 자신의 감정을 담백하게 정리하는 한편, 내면적 몽상에 몰두해 있는 양상을 보인다. 그리하여 어떤 허구적 소설의 인물과 구성을 시적으로 압축한 듯한 이야기의 흐름이나, 사랑을 주제로 삼은 '당신'과 '나'의 끊임없이 계속되는 대화와 추상화된 사연은 별로 없다. 그리하여 시적 풍경이 어떤 욕망과 고통, 불안의 밑그림처럼 모호한 색깔로 칠해지고, 한 편의 독립된 형상으로보다 그와 비슷한 여러 편의 이야기와 장면을 겹쳐서 연결시켰을 때 비로소 그 선명한 윤곽을 드러낼 수 있었던 경우와는 달리, 시인의 욕망이나 그리움은 분명해지고 작품 하나하나의 정황이나 의미 역시 독립적인 가치로 인식될 수 있게 되었다. 이러한 말은 시인의 자아가 그만큼 현실적이 되었다거나 작품의 개별성이 그만큼 강조될 수 있다는 말이 아니다. 그의 자아는 현실적이 되는 만큼 그 현실을 떠나 비상하려는 욕구를 강하게 드러내고 있으며 작품의 독자성 역시 연속적인 흐름에서 벗어나지 않는 것이되, 또한 한 편의 독립적 형태로 이해될 수 있는 성격이 그 어느 때보다 두드러져 있는 것이 사실이다. 그 독립적 형태는 닫혀 있지 않고 열려 있다. 시를 종결짓는 느낌을 없애고 완결된 문장으로 작품을 마감하지 않으려는 형태적 배려 역시 그러한 열린 독립성을 구성하는 요소들로 작용한다. 그러나 무엇을 노래하고, 누구를 그리워하며, 어떻게 살아가야 하는가의 문제를 질문하는 작품의 방식은 확실히 선명해 보인다. 다시 말해 이제 이성복의 시적 자아는 허구적이라기보다 현실적이고, 추상적이라기보다 구체적이며, 모호하기보다 확실해진다. 이것은 그만큼 시인이 자기 모습을 드러내게 되었다기보다 대상의 주관화를 통해 더욱 깊이 있는 객관에 이르고, 대상을 응시하며 변화시키려는 주관적 상상력의 의지가 그만큼 명료하고 강렬해졌음을 의미한다. 시인에게 현실적이라는 말은 현실을 모사하는 행위나 능력이 뛰어났음을 말하지 않고, 현실에 가까이 다가가면서 동시에 그 현실을 떠나려는 의지가 그만큼 긴장되고 가열찬 것이 되었음을 뜻하기 때문이다.

『호랑가시나무의 기억』의 '나'는 파리 체류 시에 쓴 「높은 나무 흰 꽃들은 등燈을 세우고」라는 동일한 제목의 시들에서 보여지듯이, 중년의 이방인이자, 고향을 꿈꾸거나 먼 곳에 두고 온 아이들을 그리워하고, 아내와 어머니의 모습이 겹쳐서 떠오를 때는 "확실히 혼동은 슬픔을 가져다준다"고 말하는 '나'이다. 가족에 대한 그리움, 무엇보다 "어머니 생각이 간절하"거나(p. 25) "아이들 이불을 덮어주고 불도 꺼주어야 할"(p. 28) 시간임을 문득 떠올리는 표현에서 가족 관계 속에 있으며 이웃과 세계를 생각하는 인간적인 '나'가 거듭 확인된다. 실제로 어머니에 대한 애정이나 모성적 존재를 지향하는 상상의 궤적은 적지 않게 보이지만, 그것보다 훨씬 더 아이들에 대한 사랑의 시선이 두드러져 있음을 알게 된다. 그것은 시인이 "지금 환한 대낮에 푸른 나무들을 바라보며, 나무들의 긴 그림자 밟으며 지금쯤 아이들이 무엇 하나 생각해보"(p. 29)는 파리에서의 생활일 경우나 "아이는 제 이모가 사다준 빨간/원피스를 입고 아침부터 학교에 가자고 조르더니/학교에 와서는 이렇게 조용하기만 하다"(「삼월」)고 애처로운 눈빛을 드러내는 현실에서의 생활에서도 변함없이 드러나는 특징이다. 그만큼 아버지의 입장이 의식되어 있는 것이다. "거기 있을 때 나는 남편이며 아버지였지만 여기서 나는 다시 아들이 된다"(p. 25)고 말하고 있음에도 불구하고 아버지의 관점은 어느 곳에서든지 자주 발견된다.

'나'는 대체로 혼자이며, 외롭게 식당에서 고기를 씹고, 책을 읽거나 텔레비전을 보고, 아니면 창밖의 우람한 마로니에 나무를 바라보며, 때로는 지하철에서 "앞자리에 앉은 아가씨의 눈길"을 보다가 그 물기 어린 눈빛에서 "물가를 날으다 솟아오르는 잠자리 날개"(p. 34)를 떠올리기도 하고 생제르맹앙레의 공원을 산책할 때, "지나가는 아가씨들의 불쑥불쑥 솟은 유방은 공격적"(p. 16)이라는 것을 느끼기도 한다. 파리에서의 '나'가 아니더라도, '나'는 아파트에서 혹은 거리에서 혹은 공단 앞에서, 아니면 소풍을 나갔을 때의 어느 야외에서 구체적인 관점을 드러낸다. 다시 말해 구체적인 현실에서 풍경을 바라보고 이웃을 생각하고 삶을 돌아보거나 전망하는 시인의 관점은 어느 시에서나 비교적 명료하게 나타난다. 시인은 가족이나 이웃, 혹은 타인과 세계와의 관계 속에서 삶과 존재의 진정한 의미를 찾았다는 듯이 이렇게 말한다.

i) 그대가 결혼을 하면 여인은 외부로 열린 그대의 창 그 풍경의 아름다움을 영원히 보지 못했을지도 모를 일 그대가 그 여인에게서 아이를 얻으면 그대의 창은 하나 둘 늘어난다 그 아이들이 아니었다면 그대는 캄캄한 어둠 속에 갇혀 있었을지 모른다 그처럼 또한 그대는 그대의 아내와 아이들의 외부로 열린 창 그대가 아무도 만나지 않고 아무도 그대를 만나지 않을 때 그대는 벽이고 누구나 벽이 된다
— 「높은 나무 흰 꽃들은 등燈을 세우고 18」 전문

ii) 지금 내가 보는 들판에는 깨알만 한 작은 흰 꽃들이 잠들었는지, 보채는지 널브러져 있다 그 길을 나는 보이지 않는 아내와 아이들과 더불어 걷고 있다 언제는 혼자 가는 길인 줄 알았는데 깊이 묶여 떨어질 수가 없구나 이런 세

상에, 어쩌자고, 세상에는 아내와 아이들이 있다
　　—「높은 나무 흰 꽃들은 등燈을 세우고 22」 부분

　i)에서 중요한 의미는 가족 관계가 구속되기는커녕 오히려 세계를 향해 열린 통로이자 자유이고 빛이 된다는 점이다. 가족이 없는 상태의 자유는 진정한 자유가 아니라 벽이며 어둠인 것이다. ii)는 그의 시에서 빈번히 등장하는 길의 이미지를 보여주는데, 그 길이 삶의 길이건 몽상의 길이건, 그 길을 "보이지 않는 아내와 아이들과 더불어 걷고 있다"는 인식이 돋보인다. 시인은 혼자가 아니다. 현실 속에서 아니면 가족과의 관계를 통해서 그의 자아는 그만큼 넓어지고 깊어졌으며, 복합적이 되었다고 말할 수 있다.
　자아가 확대되고 심화되었다는 것은 이성복에게 있어서 현실적이거나 산문적이 되었다는 것을 의미하지 않고, 삶의 구체적 모습을 통한 더 근원적인 사물의 질서와 우주적인 존재의 통찰과 인식으로 해석될 수 있다. 사소한 관찰과 인식이라도 전에는 듣지 못하고, 전에는 보지 못하던 것이 이제 새롭게 지각되는 것이다.

　i) 새벽에 잠이 깨어 담배 한 대 피워 물고 부엌 환풍구 창을 열면 아주 작은 바퀴 밀리는 소리 들린다 동그랗고 까끌까끌한 소리 무엇엔가 저촉되면서도 기분 좋은 소리

유리창은 지금까지 그 바퀴 때문에 무리 없이 열릴 수 있
었던 거다 낮에는 들리지 않는 소리 아주 조그맣고 동글동
글하게 칭얼거리는 소리

—「소리」 전문

ii) 초가을 한낮에 소파 위에서 파리 두 마리 교미한다
처음엔 쌕쌕거리며 서로 눈치를 보다가 급기야 올라타서
는 할딱거리며 몸 구르는 파리들의 대낮 정사, [……] 언
제라도 손뼉 쳐 쫓아낼 수도 있겠지만 그 작은 뿌리에서
좁은 구멍으로 쏟아져 들어가는 긴 생명의 운하 앞에 아득
히 눈이 부시고 만다

—「파리」 부분

iii) 무거운 가슴에 휘어지면서
너의 허리는 둥근 방을 만든다
완만한 낭떠러지 아래 너의 팔은
다섯 손가락의 고요로 퍼진다
검은 잎새 사이 파묻힌 얼굴은
밤바다에 밀려온 새하얀 경이,
팽창하는 내부의 힘에 밀려
느닷없이 새어 나온 눈길은 갑자기
떨어지는 공처럼 받을 수가 없다

—「소묘」 부분

이 세 편의 인용된 시에서 보여지는 시인의 시각과 상상력의 개성이 반드시 새로운 것이라고 단정하기는 어렵지만, 일상적이고 사소한 현상에서 의외의 깊은 인식을 이끌어내는 솜씨는 놀라워 보인다. 여기서 중요한 것은 무엇을 지각했는가가 아니라 어떻게 지각했는가의 문제이다. i)에서의 "아주 작은 바퀴 밀리는 소리"는 낮에는 들리지 않다가 새벽에 문득 "조그맣고 둥글둥글하게 칭얼거리는 소리"로서 마치 귀엽고 정다운 아이의 소리처럼 들려왔을 때의 순간적 인식으로 넉넉한 느낌을 준다. 그것은 아무리 무의미한 사물의 현상이라도 그것에 귀를 기울이는 사람의 내면적 삶을 통해 얼마나 인간적이고 깨어 있는 현상이 될 수 있는가 하는 점을 입증해주는 듯하다. 더 나아가서 그것은 크고 무게 있고 중요하다는 것들에 대한 상투적 인식을 반박하고 있는 지혜로운 담화로 보인다. ii)에서 초가을 한낮에 소파 위에 앉은 파리들의 모양이 정사를 하는 것인지는 알 수 없지만, "그 작은 뿌리에서 좁은 구멍으로 쏟아져 들어가는 긴 생명의 운하 앞에" 눈이 부시다는 느낌으로 그 장면을 묘사한 것은 파리 같은 존재의 사소한 행위를 우주적인 생명의 현상과 연결시켜 생각하는 시적 상상력의 넓이와 자유로움을 보여준다. 경이의 현상은 도처에 있는 것이다. 또한 iii)에서 사랑하는 여인의 육체를 초현실주의적 이미지의 풍부성으로 표현한 것은 육체의 부분들을 상이한 현실의 어휘와 결부시킨 점에서도 흥미롭지만, "허리는 둥근 방을" 만들고, "팔은/다섯 손가락의 고요로" 퍼지며, "팽창하는 내부의 힘에 밀려/느닷없이 새어 나온 눈길"이 공처럼 던져진다는 표현에서 알 수 있듯이 입체성과 역동성의 작용을 보여주는 이미지들이 대단히 탄력적으로 느껴진다. 이러한 이미지를 만들고 그것을 살아 있게 만드는 상상력의 의지는 사람과 삶에 대한 적극적인 애정의 표현으로 보인다.

이성복의 시적 이미지는 대체로 정태적이 아니라 역동적이다. 물론 그 역동성은 크고 우렁찬 형태에서 연상되는 것이라기보다 작으면서도 단단하고 움직임이 빠르게 느껴지는 어떤 것이다. 그에게서 빈번히 동원되는 식물적 이미지의 흐름도 그렇다. 그것은 부분적으로 동물적 이미지의 특징을 보인다. 그 이미지와 더불어 이동하는 시적 자아의 변용적 흐름도 비슷한 형상을 보인다. 시적 자아는, 마치 땅에 뿌리를 내리면 내릴수록 하늘을 향하여 상승하는 나무의 의지가 강하듯이, 대지의 모성적 면모와 관련되어 있으면서도 그것에서 벗어나 있는 듯한 자유로운 생명력의 표현을 끌어온다. 나무나 꽃과 같은 식물적 이미지가 상승적이고 유동적인 생명력의 표현으로 나타나는 것은 자연스러워 보인다. 시인의 상상은 식물적 이미지의 물질과 더불어 태어나고 생동하며 또한 확대된다. 특히 나무는 모성적이면서 상승적이다.

i) 큰, 아주 큰 마로니에 잎새들은 수천 송이 흰 꽃들을 세우고, 그 큰 나무는 소담스런 성채 같고 성당 같고 거기서 때로 검은 새들이 불쑥불쑥 튀어나오기도 하는데, 그때마다 저마다 무슨 문을 밀고 나오는 것만 같다 문을 열고 나와도 넉넉하고 문을 밀고 들어가도 넉넉한 키 큰 마로니에 나무여, 나 언젠가 너의 잎새를 열고 들어가 낌새도, 자취도 없이 수천 송이 너의 흰 꽃 속에 섞일 수 있을까
—「높은 나무 흰 꽃들은 등燈을 세우고 12」 전문

ii) 밤 11시 혼자 화장실 창문을 열고 하늘로 치솟은 검은 나무를 바라본다 [……] 내 바라보는 검은 나무에는 달빛 한 점 묻지 않고, 그 속에서 검은 잠을 자는 새들이라도 있는가 오래 고향에선 편지가 오지 않고, 바람 불면 푸른 나무 그늘 아래 흰 떡시루를 이고 오는 젊으실 적 어머니 [……]
—「높은 나무 흰 꽃들은 등燈을 세우고 24」 부분

iii) 창문 두 쪽을 가득 채운 나무, 저렇게 많은 잎과 가지들이 흔들리자면 아름드리 둥치는 얼마나 비틀리겠는가 큰 것들은 다름 아닌 수많은 작은 것들의 비애의 합침 더

세게 흔들리다 보면 몸통이 찢어지고 빠개질 것 같아도 질
긴 비애의 세월에 겹겹이 둘러싸인 큰 나무는 밤새도록 정
정하다
　　　　—「높은 나무 흰 꽃들은 등燈을 세우고 32」 전문

　나무를 주제로 한 이 세 편의 시에서, 나무는 크고 우
람한 남성적 외양을 하고 있지만, 무엇보다 수많은 잎과
꽃과 가지를 낳고 그 "작은 것들의 비애"를 온몸으로 감
내하는 인내의 모성적 정신으로 그려져 있다. i)에서의
나무는 웅장한 성채와 성당 같은 건축물의 형태로 떠오
르고, 그 앞에서 화자는 건물 안으로 들어가 "자취도 없
이 수천 송이" "흰 꽃 속에 섞일 수" 있기를 꿈꾸어본다.
그는 성채나 성당의 내부에 감춰 있을 법한 어떤 비밀
을 캐려고 하기보다 자신의 자아를 소멸시킨 채, 겸허하
게 나무의 꽃 속에 동화되기를 희원하는 것이다. 그 나
무의 문은 '넉넉한' 모습 그대로 그 문을 이용하려는 존
재들에게 개방적이며 포용적이다. ii)에서의 나무는 햇빛
속의 화사한 나무가 아니라 어둠 속의 나무이며, 그렇기
때문에 깊은 몽상의 원천으로서 자연스럽게 어린 시절
과 어머니의 모습을 상기시킨다. iii)에서의 나무는 인고
의 세월을 말없이 감당해온 어떤 한국적인 모성상으로
그려진다. 이처럼 나무는 그 나무를 바라보는 화자의 상
상 세계 속에서 꿈꾸는 자아의 흐름에 따라 자유롭게 변

형된다. 화자의 상상적 자아가 나무라는 대상에 동화되었다기보다 대상인 나무가 화자의 상상 세계 속에서 동화되고 변형되었다고 말할 수 있을 것이다. 나무와 시적 자아는 상호적인 관계 속에서 동시에 변화를 이룬 것이다. 나무뿐만 아니라 대체로 식물적 이미지는 관찰의 대상인 식물의 차원에서 머물지 않고 시인의 은밀한 상상적 힘의 도움으로 계속 자라고 움직이며 꽃을 피우는 것 같다.

 i) 추석 이튿날 아침 수세미나무 잎새는 얼마나 환한가 얼마나 단정한가 수세미나무 잎새는 포도나무를 타고 가다 등나무 줄기로 점프하고 바람 한 점 없는 하늘에 여러 겹 우산이 된다 빨간 우산, 노란 우산, 찢어진 우산이 아니라 한결같이 초록 우산, 너무 가벼워 공중에 떠 있는 초록 우산을 땅속에서 꼭 잡고 놓지 않는 초록 아이들
             —「수세미」 전문

 ii) 등나무 줄기는 이층 베란다로 턱걸이한다 그 줄기 끝에 무슨 눈이 달린 것도 아닐 텐데 어김없이 매달릴 데를 찾아 몸을 던진다 긴 작대기로 후려쳐 앞머리를 끊어놓아도 등나무 줄기는 한사코 이층 베란다로 쳐올라간다 저 여린 줄기 어디쯤에 끔찍한 광기가 숨어 있는지 보이지 않는 그물 사다리를 타고 음험한 땅의 욕망을 하늘에 내거는 등

나무는 시멘트 벽이든, 알루미늄 섀시든 어디에나 비비고 틀어박혀 쉴 새 없이 감아오르며 비틀리는 제 몸뚱아리까지 숙명적 상승의 전략으로 삼는다

—「등나무」 전문

   i)에서의 수세미나무 잎새는 단정한 모습에서 "포도나무를 타고 가다 등나무 줄기로 점프"하는 개구쟁이 모습으로 바뀌더니 급기야는 초록 우산이 되고, 그 초록 우산을 붙잡고 있는 초록 아이들 모습까지 연상시키기에 이른다. 수세미나무 잎새의 이 경쾌한 생성과 변형은 논리적이거나 인위적인 조작의 느낌 없이 자연스럽게 직관적 인식 속에 포착된 것처럼 어떤 시간적 순서나 인과관계를 뜻하는 접속사 없이 빠른 흐름으로 연결되어 있어서 자못 경이로운 현상으로 보여진다. 또한 ii)에서의 등나무 줄기는 강한 생명력이나 번식력이 마치 "앞머리를 끊어놓아도" 죽지 않는 어떤 뱀과 같은 동물성의 이미지로 표현되어 있다. 그 등나무는 제 분수를 모르고 "음험한 땅의 욕망"에 눈이 멀어 "제 몸뚱아리까지 숙명적 상승의 전략으로" 삼는 탐욕스럽고 즉물적인 인간의 모습을 보인다. i)에서 아름답고 조화로운 삶과 동화적 세계를 엿볼 수 있었다면, ii)에서는 공격적이고 탐욕스럽기까지 한 맹목적 생명력을 느낄 수 있다. 삶과 현실에서의 식물은 여러 가지 모습을 보인다. 그것이 인간화

되어 있으므로 인간의 삶이 다양한 만큼, 다양한 형태로 움직이고 존재하는 식물적 존재의 방식은 아주 자연스러워 보인다. 가령 "햇빛이 푸른 잎새들과, 잎새들 위에 드리워진 다른 잎새들의 그림자와 뒹굴며 엎치락뒤치락 드잡이하다가 서로 물고 빨고 킥킥거리다"(「유혹」)와 같은 시구절에서는 햇빛과 잎새의 관계가 사랑의 관능적 행위를 연상시키듯이 육화되고 있고, "밤에 나뭇잎들은 비늘 떨어진 물고기처럼 헤엄쳐 온다"(「밤」)고 표현했을 때, 가을에 지는 낙엽은 "비늘 떨어진 물고기"가 물속에서 비틀거리며 생명력을 잃은 듯 하강하는 모습으로 부각되기도 한다. 때로는 다음과 같은 풍경 속에서 식물적 요소들은 별 의미 없이 묘사의 대상으로 머문 듯하면서도 산업사회의 풍경과 비속한 현실을 상징적으로 암시한다.

국도에는 먼지를 뒤집어쓴 노란 개나리꽃, 배가 빵그란 거미처럼 끊임없이 엉덩이를 돌리며 지나가는 레미콘 행렬, 저놈들은 배고픈 적이 없겠지 국도변 식육 식당에서 갈비탕을 시켜 먹고 논둑길 따라가면 꽃다지 노란 꽃들 성좌처럼 널브러져 있고, 도랑엔 처박혀 뒤집혀져 녹스는 자전거, 올 데까지 온 것이다

─「호랑가시나무의 기억」 부분

여기서 "노란 개나리꽃"과 "레미콘 행렬" "꽃다지 노란 꽃들"과 "녹스는 자전거"는 대립적 이미지로 묘사되는데, 레미콘 행렬이 연상시키는 개발과 자연 파괴라든가 버려진 자전거의 형상은 상대적으로 황량한 자연의 풍경을 양각시킨다. "먼지를 뒤집어쓴 노란 개나리꽃"이라는 사실적인 묘사는 단순히 그 사실을 일깨우지 않고 이러한 풍경 속에서 실추된 자연의 모습을 선명하게 드러내는 효과를 갖는다.

이성복의 상상적 도정은 도식적인 궤도를 떠나 자유로움을 보이지만 그 자유로움은 불안정해 보이지 않고 오히려 편안해 보인다. 그만큼 모험성이나 불안 의식이 자아의 일정한 테두리 안에서 가라앉아 있는 것처럼 보일 수가 있는데, 중요한 것은 그 상상력의 자유가 그 나름의 질서와 윤리를 동반하고 있다는 점에서 성숙해 보인다는 점이다. 그리하여 그의 상상적 시각이 일상적 삶이나 사소한 사물의 배후에 있는 존재론적 의미를 포착하기도 하고, 삶의 근원적 모습을 일깨우고자 하면서, 도식적인 분류의 틀을 벗어난 시적 이미지의 활력을 보여준다고 말할 수 있다. 그러나 나로서는 그 시각의 범위가 제한되기보다 더 넓어지기를 바란다. 이러한 기대가 가능한 것은 무엇보다 그의 시가 이제 젊은 날의 고통스럽고 불안한 뿌리 없는 존재의 어둠으로부터 현실과 삶의 뿌리를 인식하는 차원으로 바뀐 상태에서, 자유롭게 상승하고 뻗어 가려는 힘을 축적하고 있기 때문이다. 그의 시는 그런 점에서 또 다른 변모를 분명히 예고해주는 것으로 보인다.